স্বপ্ন প্রিয়া

জগবন্ধু রায়

Made with ♥ on the Notion Press Platform
www.notionpress.com

উৎসর্গ

পরমারাধ্য মাতামহ স্বর্গত খগেন্দ্র নাথ চক্রবর্ত্তী স্বগতা পিতামহী,
মাতামহী

ও

আমার স্বর্গতা মাতা দেবীর শ্রী পাদপদ্মে

বিষয়বস্তু

মুখবন্ধ — ix

1. হারিয়ে যায় — 1
2. অকৃতজ্ঞ — 2
3. সুন্দরী রমণী — 3
4. আশীর্বাদ — 4
5. মা কালী — 5
6. নেতাজী — 6
7. উৎস থেকে — 7
8. স্বপ্ন সত্যি — 8
9. বীরসেনা স্মরণে — 9
10. বৃষ্টি বাদল — 10
11. পশু পাখির সহমর্মিতা — 11
12. "জন্মদিনে স্বামিজী" — 13
13. মানব দেহভান্ড — 14
14. প্রার্থনা — 15
15. সুনামি — 16
16. ভয় নয় — 17
17. স্বপ্ন প্রিয়া — 18
18. প্রেমিকা — 19
19. সুখ দুঃখ — 20
20. আশার আশা — 21
21. দূষণ ভীষণ — 22
22. মশা, রক্তচোষা — 23
23. রেল গাড়ি — 24

বিষয়বস্তু

24. অভিসার — 25

25. পরিবেশ দূষণ — 26

26. খুশির ঈদ — 27

27. অনাথ ভাইয়ের জন্মদিন — 28

28. অভিমান — 29

29. পুরুষ ও নারী — 30

30. শান্তিকামী ভারত — 31

31. সিন্ধুবালা মা — 32

32. শরৎ ও শারদীয়া — 33

33. মাস্টারমশাই — 34

34. নেশা সর্বনাশা — 35

35. চাঁদের টানে — 36

36. অনাথদের দূর্গা মা — 37

37. একতাই বল — 38

38. নামতায় — 39

39. স্ত্রী পুরুষ — 40

40. দেশ প্রেম — 41

41. একবার মা বল — 42

42. বিশ্বকবি রবীন্দ্রনাথ — 43

43. ত্রি-গুনে — 44

44. বসন্তের দূত — 45

45. উপদেশ — 46

46. এক নদী — 47

47. পরিনয় — 48

বিষয়বস্তু

48. চলে যেও না — 49

49. পাঁচ কড়ি — 50

50. স্বর্ণ মন্দির — 51

মুখবন্ধু

আমার খুব কাছের একজন মানুষ, একজন তরুণ প্রবীণ সাহিত্যিক ও কবি, সেখ আলমগীর রহমান এর সহযোগিতায় ও অনুপ্রেরণায়, আমার প্রথম কাব্যগ্রন্থ স্বপ্ন প্রিয়া প্রকাশিত হলো।

ধন্যবাদান্তে,

জগবন্ধু রায়

লেখক , স্বপ্ন প্রিয়া

1. হারিয়ে যায়

একটি সুন্দর ফুল বাগানে বেড়ে উঠছে একটি ফুলের চারা গাছ অচিরেই তার দেহে উঠছে কুঁড়ি প্রস্ফুটিত হবে, তার রূপ, রস, গন্ধ নিয়ে তার জীবনের কামনা-বাসনা লীন হবে আরাধ্য দেবতায় যৌবনে ডগোমগো, রঙিন পাপড়িতে বাতাসের হিল্লোল বয়ে যায়, এই বুঝি সে কাছে আসে অনেক সাধনার প্রাণের দেবতা, কিন্তু একে? এতো পশু গোগ্রাসে গিলছে, তিল তিল করে জমানো মধু। পাপড়ি গুলি,অসংখ্য নখাঘাতে জর্জরিত। ভেবে ছিল সে,তাকে সব সুন্দির উজাড় করে দেবে যা দেবার তার থেকেও বেশি করে কোন কিছুর বাধা না মেনে

প্রতিটি শিরা উপশিরায় নির্ঠুর তান্ডব নৃত্য হারিয়ে যায় মিষ্টি সৌরভ। একে একে ঝরে পড়ে পাপড়ি গুলি

কিন্তু হায়। এ কি বিধির বিধান মলিন শুষ্ক, চিরতরে হারিয়ে যাওয়ার প্রহর গোনে একটু ভালোবাসা, স্নেহ পেলে সমাজ বঞ্চিত হতো না, হাত্যে সমৃদ্ধ।

2. অকৃতজ্ঞ

ছোট খোকা জন্ম নিয়ে বেড়ে ওঠে ধীরে ধীরে, এ পৃথিবীর সব কিছু জানার ইচ্ছা থাকে তার অন্তরে একদিন সে বড় হয়ে ওঠে, এ সমাজের বুক থেকে, লেখা পড়া শিখে ভালো মানুষের চিহ্ন যাবে রেখে। বাবা ভাবে, মা হারা ছেলেটি বাসবে ভালো তারে কষ্ট হয়েছে, মানুষ করেছে দিন রাত এক করে, এ কি হোল আজ তার ছেলের,শোনে না কোন কথা! যখন তখন যা-তা বলে, বাবা মনে পায় ব্যথা! প্রাণের মাঝারে হাহাকার ভরে, বাজে কান্নার সুর মানব দেহে কি পশু প্রবৃতি, মানবতা গেছে দূর। যুবক ছেলে, রঙিন নেশায় মেতে আছে উল্লাসে, বাবাকে তার আজ নেই প্রয়োজন, প্রেমিকাকে ভালোবাসে। সুখ স্মৃতি হয়েছে অতীত, ডানা মেলে গেছে উড়ে রঙিন পাখি ঘরে এসে তার সবই নিয়েছে কেড়ে। অন্ন বস্ত্র নেইকো বাবার, অস্থি চর্ম সার অকৃতজ্ঞ ছেলের দয়ায় বৃদ্ধাশ্রমে ঠাই হয় বাবার।

3. সুন্দরী রমণী

রমণী সে সুন্দরী, যার মধুর স্বভাব অন্তরে ফর্সা কালো যা-ই হোক, পুরুষ দেবে মন তারে টিকালো নাক, টানা চোখ, ফ্যাশানে সাজা অহংকারী বাইরেটা তার দেখায় ভালো, তবু সে নয় সুন্দরী। রমণী-সৎ, শান্ত, কোমল হৃদয় না হয় যার রূপের বাহার দেখিয়ে সে সংসার করে ছারখার। দেহের ওরূপ বাবা-মায়ের, আসল রূপ তার ব্যবহারে সুন্দরী তাকে বলে, যে ভালোবাসা দেয় সবারে। সুন্দরী রমণী -- যার ভক্তি স্নেহ ঝরে পড়ে -- যেখানেই যাক না সে, সেখানেই স্বর্গ গড়ে।

৪. আশীর্বাদ

জয় দুর্গা বলে সবাই কাজে দিই মন, আজ অবধি আসছি দেখে, এটা চিরন্তন। এমন মানুষ আছে অনেক, করে পশুর মতো কাজ সুখ শান্তি হরণ করে, ধ্বংস করে সমাজ। তাদের চলন বলন করে শাসন ঠিক অসুরের মতো, দুর্গা মাগো বিনাশ করো তাদের, অসুর আছে যতো। ভদ্রবেশী অনেক পশু ঘোরে, এই ধরণীর 'পরে, ধন দৌলত, সুখ শান্তি, নারীর সম্ভ্রম লুট করে। সবার মনে উঠুক আশিষ শক্তি বল, এমন পশু শক্তি বিনাশ হয়ে যাক রসাতল, লোভে পাপ পাপে মৃত্যু জানে সর্বজন। এ পাষন্ডেরা এমন পাপই করে সর্বক্ষণ। সবারে মা করো তুমি সমান আশীর্বাদ। অসুর মতি পশুরাও পায় যেন তার স্বাদ।।

5. মা কালী

আদিতে কালো অন্ধকার লুক্কায়িত ছিল আদ্যাশক্তি কালীমা সেই কালো রূপ ধরো নীল। সব বর্ণের বিলয় ভূমি, কৃষ্ণ কালো মা কালীর অঙ্গরূপ সকল বর্ণ হরিল। বীজ ধ্বংস হলে যেমন বৃক্ষ জন্মায়। মৃত্যুর পরে আত্মা, অমৃতত্বের স্বাদ পায়। করুণাময়ী মহাশক্তি বিনাশকারী কালীকা তিনিই বিশ্ব সৃজন করেন, তিনিই বিশ্ব পালিকা। মা কালী প্রকটিকা, চারিখানি হস্ত, দুই হস্তে লালন পালন, দুই হস্তে ধ্বংসে ত্রস্ত। বামের দুই হস্তে নরমুন্ড ও কৃপাণ, দক্ষিণের দুই হস্তে বর অভয় দান। শ্বেত বর্ণ মহাদেব শায়িত, রুদ্ররূপ ভঙ্গ তরে ধ্বংস অন্তে সৃজন দেবী, মা কালী তার উপরে।।

6. নেতাজী

বীর দর্পে এসেছিলে বীর, ধন্য সুভাষী, ভারতমাতার স্বাধীনতা যুদ্ধে হলে নেতাজী, তুমি মোদের প্রাণ, বিশ্বে বাড়ালে মান বন্দেমাতরম্ গাইলে জাতীর গান

তোমায় শত প্রনাম। তেজদীপ্ত লৌহ মানব কর না কাউকে ভয় ভারতবাসীর তরে আনলে স্বাধীনতা জয়। তুমি মোদের প্রাণ, বিশ্বে বাড়ালে মান বন্দেমাতরম্ গাইলে জাতীর গান তোমায় শত প্রনাম।

বিশ্বের ত্রাস হিটলার যবে বলেছিলে তব বিশ্ববীর জাপানে করেছ আজাদ হিন্দ, নত করোনি কোথাও শীর। তুমি মোদের প্রাণ, বিশ্বে বাড়ালে মান বন্দেমাতরম্ গাইলে জাতীর গান তোমায় শত প্রনাম ।

7. উৎস থেকে

পাহাড় চূড়ায় ঘুমিয়ে থাকি স্বপ্ন দেখি সুখে, জেগে উঠি তপ্ত পবন
লাগে যখন মুখে। কঠিন থেকে তরল হয়ে
নামি পাহাড় বেয়ে,
ঝর্ণা হয়ে শব্দ করি
সবাই দেখে চেয়ে।
সমতলে চলি এঁকে বেঁকে যাই অনেক দূর, আমার মনের সব আশা মেটায় সমুদ্দুর।।

৪. স্বপ্ন সত্যি

আট বছরের ছেলে আমি
বাবুর চা দোকানে থাকি,
দিন রাত ধুই কাপ প্লেট গ্লাস
দিই না ফাঁকি।
স্কুল ড্রেসেতে যায় ছেলে মেয়ে
পড়তে গ্রামের স্কুলে,
ইচ্ছে ছিল পড়বো আমি
পারি না অনাথ ছেলে বলে।
মনের সুখে খেলছে ওরা
সারা বিকেল বেলা,
কাজ ছাড়া ভাগ্যে আমার
নেইকো লেখা পড়া খেলা। কেউ চায় না আমার পানে
সবাই অবহেলায় দেখে,
স্বপ্ন ছিলো মানুষ হবো
লেখা পড়া শিখে।
ক'মাস পরে এগিয়ে এলো।
এক মহান গুণিজন।
(বলে,) চলো আমার বাড়ি থাকবে তুমি
লেখা পড়ায় দেবে মন।

৭. বীরসেনা স্মরণে

কনটিক বেতাদুর গ্রামের সিংহ শিশু হনুমান থামা বীর, ভারতবাসীর সুরক্ষার ভার তোমার, দেশ ভক্তি সুগভীর, উষ্ণ মরু পাহাড় তুষার, সকল বাঁধা নিয়েছিল সয়ে, আমাদের গর্ব তুমি, ধন্য ভারত তোমার মতো বীর যোদ্ধা পেয়ে। ত্যাগ, তিতীক্ষা, সাহস, নিষ্ঠা কাকে বলে দেখালে অউহেসে চির বিদায় নিয়ে চলে গেলে, কোন অচিন স্বর্গ দেশে। তুষার চাপা থেকেও মুক্ত হলে, তবু নিলে চির বিদায়, তোমার সারা অঙ্গ ঝর্ণা হয়ে ঝরুক গঙ্গা যমুনায়, ধন্য হে বীর মহান তুমি, তোমায় সকাল সাঁঝে নমি, এ ভারতে জন্ম নিয়ে ফিরে এসো স্বর্গ থেকে নামি।।

১০. বৃষ্টি বাদল

বৃষ্টি পড়ে ঝিরিঝিরি সারাটি দিন ধরে, ছোট বড়ো সবাই থাকি যে যার নিজের ঘরে। কখনও বা মুষুলধারে এই ধরণীর বুকে, ঘ্যাংর ঘ্যাং কোলাব্যাঙ ডাকছে মনের সুখে। পুকুর ডোবা খালবিল সব ভরে বর্ষার জলে, মাঠ ঘাট নদীতে ঢেউ ওঠে ছলাৎ ছলে। বনরাজী পাতা হারিয়ে শীর্ণ লজ্জায়, বর্ষা রাণী পাতায় পাতায় নতুন করে সাজায়। আবছা দেখি একটি গাভী ভিজছে গাছের তলে, গোয়াল ঘরে ফিরবে বলে শুধুই ডেকে চলে। দিঘির জলে শাপলা শালুক ভেসে ঘরে ঘরে, নতুন জলের ছোঁয়ায় খুশি, হাঁসগুলি সব চরে। মাঠের সবুজ ধানের ক্ষেতে জল যে কানায় কানায়, চেনা ছবি ঘুরিয়ে দিতে বর্ষা এঁকে যায়। সবার ভালো করতে আসা ফিরে যাবে নাকি? বর্ষা তোমার সেবার কথা সবাই মনে রাখি।

11. পশু পাখির সহমর্মিতা

বাড়ীর পোষা কুকুর বিভিন্ন রজনী গান শোনে, মৃত প্রভুর কর্ণ তার মননে চিন্তনে।

হিজ মাস্টার ভয়েজে রেকর্ডে সে ছবি দেখেছি

প্রভুর প্রতি ভালাবাসার মহান মগ্ন শিখেছি। যুদ্ধা সোলো আমৃত্যু চায়, আসেকজান্ডার তাকে ডাকুক, সুখে দুখে রগে বলে, সহচরের গভীর প্রেমের আবীর মাখুক। আহত ঘোড়া 'চেক' ছাড়ে না প্রভু রানাপ্রতাপের অবশ দেহ, পিঠে নিয়ে ছোটে তারে, আঘাত যেন আর করে না কেহ। অঙ্গরাজ টারজানের ছিল প্রিয় সিংহ ভাবলা, হাতি ট্যান্টরে ইঁদুরের বিপদে ইঁদুর করে ডুবে যাওয়া ইঁদুর উদ্ধার

ফাক, বানর, স্ত্রী ভ্যাম্পায়াররা; স্বজাতীর চরম বিপদে এগিয়ে আসে, পিঁপড়ে, কর্মী মৌমাছিরা তাদের সঞ্চিত খাবার অভুক্তদের দেয় ভালোবেসে। সদ্যজাত মানব শিশুর কুকুর-কুকুরী বাঁচায় প্রাণ,

অনাথ বাছুর বড় হয় অন্য গরুর দুগ্ধ করে পান, হামিং বার্ড, চড়াই, শালিক, সোয়ালো, ফিঞ্চ বার্ড অফ প্যারাডাইস সদাই চায়, স্বজাতী সাথীদের বনবিড়াল, হিলে পশুদের থেকে বাঁচাতে যুদ্ধং দেহি ভূমিকায়।

স্পার্ম, হোয়েল (মোমতিমি) সমুদ্রের এদিক সেদিক ঘোরে দুর্বল জনফিন, অক্ষম বটলনোজ ডলফিনদের রক্ষা করে। ডলফিনরা তলিয়ে যাওয়া মানুষদের গভার থেকে তীরে নিয়ে আসে, হিংস্র হাওরদের হাত থেকে বাঁচাতে তাদের পাখনা নেড়ে, জল ঝাপটা দিয়ে। পক্ষীকূল চিৎকার করে বাঁচায় গরু, ছাগল, হরিণকে

যাতে না ধরে বাঘ সিংহ চিতা তাদের মাথায় অ্যান্টিরিয়র
সিঙ্গুলেট ব্যবহারে এত প্রেম সহমর্মিতা।

12. "জন্মদিনে স্বামিজী"

জন্মদিন আজ স্বামিজীর জন্মদিন ভুলি নাই তোমার দান, ভারতের সনাতন ধর্ম প্রচারিলে

আজও হয় নাকো ম্লান। তোমার জন্মদিনে মোরা করিনু শপথ, তোমার আদর্শে মোদের চলুক জীবন রথ। ভাবনা কিবা স্মরণ করি তোমার অমৃত বাণী, আগে নাম ছিল নরেন, ডাক নাম বিলে, যখন ছোট্ট ছিলে,

(এখন) বিশ্ববাসী ডাকে স্বামী বিবেকানন্দ বলে

বসে তোমার চরণ তলে। তোমার মত মানুষ যেন জুগে জুগে আসে ছোট বড় সকলকে সমান ভালোবাসে। অবক্ষয়ের যুগে মোরা ছিলাম দিশাহারা, তোমার বাণী অধ্যয়নে ভরে ওঠে প্রাণ।

13. মানব দেহভান্ড

যা আছে অনন্ত বিশ্ব ব্রক্ষান্ড, তা আছে মানব দেহ ভান্ডে, এ মানব দেহতেই বিশ্ব দেখা যায় ব্রক্ষা, বিষ্ণু, মহেশ্বর আছেন তথায়। উদর রক্ষা শীর-এ আদি দেবতা তিন জনশ্রুত তথ্যাদি অতি সুপ্রাচীন। উদরে-ব্রক্ষা, বক্ষে বিষ্ণু, শীরে মহেশ্বর, মানব দেহের এ অঙ্গত্রয় সর্ব অধীশ্বর। পঞ্চভূত থেকে আমাদের পঞ্চন্দ্রিয় হয়,

এর বাইরে মানব দেহে কখনও নয়। ক্ষিতি-ত্বক,অপ-জিহ্বা, তেজ-এ চক্ষুদ্বয়, মরুৎ- নাসিকা, ব্যোম থেকে সৃষ্টি কর্ম দ্বয়। রং আছে সাদা, লাল, নীল ও পীত, পাঁচ ঋতু সইলেও কাবু করে শীত। লোহা আছে, তামা আছে, আছে নানা খনিজ, সূর্যের থেকে পাওয়া আমরা প্রাণীজ।

এ তনুতে নবগ্রহ, দ্বাদশ রাশীর অবস্থান বৃহস্পতি - উদর, মেষ - মস্তক, মঙ্গল উৎপাদনের স্থান, স্নায়ু - আছে, সুষুম্না, আত্মা ও মন, নামব দেহ ভান্ডে সবার অপূর্ব মিলন।

14. প্রার্থনা

হে ঈশ্বর, আমাকে দাও ফুলের পবিত্রতা, শিশুর মত সরলতা, তৃণসম সহিষ্ণুতা। লোভ ঘৃণা ভয় মনে কভু না আসে মানবিকতারকে জানি সবাই ভালোবাসে। নির্মল সমীরণ হয় না কৃপণ, প্রকৃতি বৃষ্টির উদার সৃজন। সাগর সম গভীরতা যেন ভালোবাসায় থাকে, নির্মল মানব সেবায়, সবাই কাছে পায় আমাকে।

15. সুনামি

ভূমিকম্প জলোচ্ছাস নাম সুনামি আদিকান্ড জানেন স্বয়ং অন্তর্যামী। গ্রাম, শহর নির্মান, ভাসে সাগর মাঝে, স্বজন হারা দুখী সবাই কাঁদে সকাল সাঁঝে। ধ্বংস দুখ দিক সুনামি, যত আসুক নেমে, সৃজন খেলায় মাতবে মানুষ, যাবে না থেমে। দেশ বিদেশের মানুষ পাঠায়, খাদ্য ওষুধ ত্রাণ, লক্ষ কোটি মানুষেরা পায় খাদ্য বস্ত্র বাসস্থান । প্রাণের ভালোবাসা দয়া মায়া থাকলে সবার বুকে, মানব জাতি পৃথিবীতে থাকবে পরম সুখে।

16. ভয় নয়

একদিন রাত্রিবেলা লম্বা মত কে যেন জনশূন্য পথের মাঝে এদি সেদিক যেদিকে চাই দাঁড়িয়ে আছে পেন্নি বুঝি ভয় পেয়ে না এগিয়ে যেই হোক সোজা যাবো ফাঁকা পথ ফেলে রেখে সাহস করে কাছে এগিয়ে কাক জোৎস্নার আলোয় যেন বিপদে ভয় না পেয়ে ভয় ভীতি দূর করে সে

দেখি পথের ধারে, হাত নাড়ে বারে বারে। ছিলাম আমি একা, পাইনা কারোর দেখা। কাপড়ে মুখ ঢেকে, দেখি দূর থেকে। ভাবি মনে মনে, কেন যাবো বনে বনে? দেখি গাছের শুকনো পাতা ভুত পেন্নির মাথা। যে তথ্য যুক্তি খোঁজে, বাঁচার মন্ত্র বোঝে।

17. স্বপ্ন প্রিয়া

পূর্ণিমা চাঁদ উঠেছে আকাশে জোছনায় ধরণী ভরে, স্বপ্নপ্রিয়া উকি ঝুঁকি দিয়ে এলো বুঝি অন্তরে। নামটি অজানা, জানিনা ঠিকানা, অনুভব করি গন্ধে, পরীর মত চলন নৃত্য ঠমকি ঠমকি ছন্দে। নিরালায় বসে কত গান গাই জানা অজানা সুরে, আবেগ মথিত হৃদয়ে নৃত্য করিছে আমায় ঘিরে। অপরূপা তুমি শতরূপা তুমি কেউ না ধরা পায়, তোমার অঙ্গে চাঁদ হার মানে, জোছনা পিছলে যায়। নিদ্রা মাঝে স্বপ্নে দেখা দিলে আমায় প্রিয়া, মুগ্ধ মিলনে মদিরোচ্ছল, ভরিয়ে দিলে হিয়া। একটু বসা মেলামেশা, রেখে হাতটি হাতে, নাইবা পেলাম জাগলে তোমায়, এসো স্বপ্নে প্রতি রাতে।

14. প্রেমিকা

অনেকদিন বাদে দেখা মেয়েটির সাথে, যাকে আমি চাইতাম মনে মনে সে দাঁড়িয়ে আছে রাস্তার এক কোণে পায়ে পায়ে এগিয়ে গিয়ে, এদিক ওদিক চেয়ে বললাম, তোমার নামটা যেন কি? লাগছে চেনা চেনা বললো– নাম তার অল্পনা, অবশ্য ওটা আমারও ছিল জানা।

বলিনি, হয়তো লজ্জা পেত

ক্লান্ত মুখে তার, পড়েছে এলোমেলো চুল, সরিয়ে দিলাম সযতনে, মনে মনে আবছা অন্ধকারে, নির্জনে দেখেছিলাম যাকে খুব ভালো করে, দিনের আলোয় মাত্র দুহাত দূর থেকে, দেখলাম তারে, মনের প্রেমিকাকে। স্বর্ণলতিকা যেমন শক্ত করে জড়িয়ে দেখে বৃক্ষকে, পরমানন্দে জড়িয়ে ধরে তাকে তৃপ্ত হলাম আমি অবশ্যই মনে মনে।

তারপর বললাম – কি, বাড়ি যাবে না? – সে বললো– হ্যাঁ, এইতো যাই,

গুড বাই, গুড বাই।

19. সুখ দুঃখ

আমার যখন রাত্রিবেলা, তোমার তখন দিন, ক্লান্ত হয়ে ফিরি ঘরে, তুমি স্বপ্নে রঙিন। কুঁড়ে ঘরের মানুষ আমি, শীত ফোটায় আলপিন, ছাদের নিচে থাকো তুমি, সুখে নাচো তা হিন নি। বাবা আমার রিক্সা চালায়, মায়ের শরীর জীর্ণ, বাবা-মায়ের ঝগড়া দেখি মাসের প্রতি দিন। আমি যখন খেতে বসি, দেখি আছি স্কুলে, তোমার টিফিন ভরা থাকে মিষ্টি, ফলে মূলে। দুঃখ আমার চির সাথী, কষ্ট আমার জানা, সুখের বিষয় তুমিই জানো, সুখ তো তোমার ডানা। তালির ওপর তালি দিয়ে আমার প্যান্ট জামা, তোমার সবই জোগায় তোমার চাকুরে বাবা-মা। সুখের বাঁশি বাজাও তুমি, তোমার চাঁদ মুখে দুখের প্রদীপ জ্বালিয়ে রাখি, আমার ছোট বুকে। অনুশাসনের বেড়ায় ঘেরা, তোমার সারা অঙ্গ যেমন খুশি চলি আমি, যেন মুক্ত বিহঙ্গ।

20. আশার আশা

আমি হলাম বাড়ির ঝি প্রেম করতে ক্ষতি কি? বার ক্লাস পড়ে ছিলাম, বয়স আঠারো পেরিয়ে গেল এ বাড়ির ছোট ছেলে, ইশারায় কইতো কথা প্রথম যখন দেখা হলো।

সকালে ঝাঁট দেওয়া, ঘর মোছা, বাসন মাজা জল খাবারে আলুর দম, ফুলকো লুচি ভাজা।

কর্তাবাবু অফিস যাবে, গিন্নীমার আঁকপানানি, তাড়াতাড়ি ভাত বসারে, কোখায় গেলি পটের রাণী।

শাড়ি কাচা প্যান্ট শার্ট ফুল তোলা পূজা পাট। সব কাজ সারা হলে যখন যাই তার ঘরে, চোখা চোখি হলে, পুলকে যায় ভরে।

দোতলার পূর্ব দিকে আছে এক পড়ার ঘর, ওখানেই সকাল বিকাল থাকে আমার বন্ধুবর ।

21. দূষণ ভীষণ

জল দূষণে আর্সেনিক, রোগ জীবাণু ভরা পানিয়ে। সে জল করে সবার চর্ম রোগ হয় যে গায়ে। বায়ু দূষণ ধোঁয়া বিষে ছড়ায়, গাড়ি কয়লা কলকারখানায় প্রাণী জগৎ হাঁকিয়ে মরে বাঁচার উপায়, বৃক্ষরোপন সবার তা জানা। শব্দ দূষণ বজ্রপাত পটকা বাজি গাড়ীর হর্ন, জোরে মাইক বাজালে কানের ক্ষতি, প্রাণের ক্ষতি থেকে বাঁচবে সকল শব্দ কমালে। জল দূষণ বায়ু দূষণ শব্দ দূষণে মানুষের ফুটলো নাকো চোখ দূষণ মুক্ত গড়তে সমাজ মানব জাতীর চৈতন্য হোক।

২২. মশা, রক্তচোষা

মালা, খোলা নর্দমার জমা পচা জলে ডিম পাড়ে মশা এখানেই
ডিন ফুটে লার্ভা পিউপা পূর্ণাঙ্গ হয়ে আসা।
মশা সন্ধিপদী নিশাচর রক্তচোষা পতঙ্গ, অবাধ বিচরণ, গ্রাম-
শহরে পশু, মানুষের সর্বাঙ্গ। মশা জাতিতে তিন প্রকার,
অ্যানোফিলিস স্টিফেনসাই, এডিস, কিউলেক্স ফ্যাটিগ্যাল ছাড়া
আর অন্য নাই।
পুরুষ মশার চোষক মোটা ভোঁতা, থাকে ঝোপ ঝাড়
ঘাসে, মশকি তীক্ষ্ণ চোষকে সন্ধ্যায়, ঝাঁকে ঝাঁকে রক্ত
চুষতে আসে। জাপানি বি-এনকেফেলাইটিস, পীত জ্বর ছড়ায়
এরা, নানা ব্যাধি, ডেঙ্গু ম্যালেরিয়া, গোদ ফাইলেরিয়া
অ্যানোফিলিস মশকি ছড়ায় রোগ ম্যালেরিয়া এইডস ছড়ায়
ডেঙ্গু, এনকেফেলাইটিস, কিউলেক্স ফাইলেরিয়া, জীবনঘাতি
মারণ ব্যাধি ছড়ায় নানা মশার তান্ডবে মানব জাতির চৈতন্য
না হলে কে রোগ ব্যাধি কে খন্ডাবে? মশারিতে শোও, মশার
আঁতুরঘরে বিষ দাও। সর্বত্র পরিস্কার রাখাই কাজ অপকারী
এ প্রাণী ধ্বংস হলে এ রোগ থেকে বাঁচবে গ্রাম শহর সমাজ।

23. রেল গাড়ি

রেল গাড়ি ঝমাঝাম
চলে এঁকে বেঁকে, গাছপালা পিছে ছোটে
যাত্রীরা দেখে। মাঝে মাঝে গাড়ি থামে যাত্রীরা ওঠে নামে
কেউ যায় গয়া কাশী যায় কেউ বারানসী দিন রাত ছোটে
গাড়ি গার্ড ড্রাইভার সিগন্যালে সব বাঁধা আইনে স্নান খাওয়া
সারে সব যাত্রীরা আছে যত পেটে নিয়ে ছোটে গাড়ি
সরু দুটি লাইনে।
ঠিক যেন মা'র মত।

24. অভিসার

যখন তুমি থাকতে দূরে বেশ লাগত অপরূপ, লাজুক মাখা
টানা চোখে দেখি হাসতে নিশ্চুপ। বুঝেছিলাম চোখের ভাষা
লাগবে পালে দখিন হাওয়া পূর্ণ হবে চাওয়ার পাওয়া।
অতীত উপচে গেলে
প্রেমের প্রদীপ রাখতে জ্বেলে গোলাপ পাপড়ি ছড়িয়ে দিতে
বুঝিয়ে দিতে মনের মিতে। স্মৃতি পটে যাচ্ছো চলে নেই যে
বাঁধা নেই সে অভিমান ফোটা ফুলেবসন্তেরই গান।
বাতাসে তার গন্ধ হয়ে যায়, প্রজাপতি উড়ে চলে কোন সে
ঠিকানায়। নীড়ের খোঁজে সারস আকাশ নীলে খুশির মেজাজ
চাদটি উকি দিলে। ভাবছি বসে অনেক কিছুই হয়তো বা সব
মিছে খরস্রোতায় জীবন তরী চলছে স্মৃতির পিছে।

25. পরিবেশ দূষণ

জল মাটি নদী নালা, পশু পাখি গাছ পালা আকাশ বাতাস নিয়ে পরিবেশ হয়- আমরা সুখে থাকি, গান গায় পশু পাখি প্রাণী জগৎ আনন্দময়। জল দূষণ ময়লা আবর্জনা ফেলে বায়ু দূষণ কয়লা, গাড়ির পোড়া তেলে, আরও আছে গ্যাস নানা, পারদ, সিসা কার্বন মনোক্সাইড বাতাসে মেশা

শব্দ দূষণে নানা রোগ হয়, পরিবেশ দূষণে বাঁচার ভয় প্রাণীকুলের সুখী জীবন, পরিবেশের নির্মলতা, থাকবে ভালো সবার স্বাস্থ্য, অমর হবে সভ্যতা। দূষণ মুক্ত সমাজ গনতে শপথ নিই পিছিয়ে আছে যারা তাদের জানিয়ে দিই। দীর্ঘ জীবন পেতে নিয়ম মানা চাই সে নিয়ম চেতনা শিক্ষা মনে রাখ সবাই সবার সুস্থ জীবন আমরা করবো জয়।

26. খুশির ঈদ

নতুন জামা কাপড়, মাথায় টুপি, গায়ে আতর পালন করি পার্বন ঈদ-অল-ফিতর। রোজা মাসের কৃচ্ছ্ব সাধন, শেষ হলো আজ, নীল আকাশে, চাঁদের উকি, সবার খুশির মেজাজ। গ্রাম গঞ্জে শহরে ঈদ গাহে মসজিদে সকাল থেকে প্রার্থনা, দিন কাটে আনন্দে। নমায পড়ে, আলিঙ্গন করে, ঈদ মোবারক বলি, সবাই যেন সারা বছর সুখ শান্তিতে চলি। লাচ্ছা সামুই বিরিয়ানী কত রকম খাই, ঘরে বাইরে নানা জাতীর অনেক নতুন বন্ধু পাই। ইসলামের বাণী প্রচার, প্রেম ভক্তি সবার হৃদে সবার মুখে হাসি, বেজায় খুশি, খুশির ঈদে।

27. অনাথ ভাইয়ের জন্মদিন

ছোট্ট সোনা ভাইটি মোদের তোমার জন্মদিনে মন্ডা মিঠাই, খেলনা কত এনেছি আজ কিনে। - একে একে দিলাম তোমায় সকল উপহার- স্নেহাশিষও নাও তুমি ভাই ছোট বড় সবার। এমনি করে বড় হবে থাকবে সবার মাঝে, ভালোবাসায় ভরিয়ে দিতে লাগবে সবার কাজে। সুখেই থাকো ভালো থাকো ওগো চাঁদের কণা দীর্ঘ জীবন লাভ করো ভাই এই করি প্রার্থনা।

28. অভিমান

কিছু আমি বলবো না আর তাকে, যদি সে একাই ভালো থাকে। যে আমার বুঝলো ভুল নিল না প্রেমের ফুল, যদি সে আমায় দূরেই রাখে। এ আমার নয়কো রাগ, নয়কো অভিমান, আড়ালে ঢেকে রাখা অশ্রুভরা তান, মেনে নেব তার সকল বাঁধাকে।
জানিনা কেন এমন হয়, জীবন খাতায় লেখা আমার শুধু পরাজয়। আমি যে ঝড়ের রাতে নীড় হারা এক পাখি, ফিরিয়ে দিলোই বা সে, যে ছিল মোর সাথী, ফিরে যাব তাই, জল ঝরা দুচোখে।

29. পুরুষ ও নারী

পুরুষ নারী সমান সমান সবাই বলে কথায় কথায়, অনেক পুরুষ ছাড় পেয়ে যায় নারী ভোগে মনের ব্যথায়। ভালো মানুষের মুখোশ পরে, অনেক পুরুষ ঘোরে ফেরে। দারিদ্রতার সুযোগ নিয়ে নারীত্ব হায় হরণ করে। আইন আছে, থাকবে জানি, সবাই ভাবে শাস্তি হবে, কজনই বা শাস্তি পায় টাকার জোরে ছাড়া পাবে। সুস্থ সমাজ গড়তে হলে দূর করতে হবে নারীর ভয়, হৃদয়বান পুরুষ হলে সমাজ জীবন সুখ ময়।

30. শান্তিকামী ভারত

পৃথিবীর যারা যারা যুদ্ধের তান্ডবে, করো ভাই হানাহানি দ্বন্দ্ব,ভারতের আঙ্গনে, মানুষের কল্যাণে করো ভাই যুদ্ধটা বন্ধ।
আমাদের এই দেশ, শান্তির পরিবেশ নেই কোন যুদ্ধের ভাবনা। মানুষের রক্তের লালসা মিটুক আজ যুদ্ধের পথে কেউ যাব না।
যুদ্ধ দানব যদি শেষ হয় বিশ্বে তবে পাব মনেতে আনন্দ।
যুদ্ধের শেষে চারিদিকে বিস্তর পড়ে থাকে ধ্বংসের জঞ্জাল, তিলে তিলে গড়ে ওঠা ঘর বাড়ি সভ্যতা ভেঙে চুরে মরুভূমি কঙ্কাল। শেষ হোক যুদ্ধ, আমরা শান্তি চাই সারা বিশ্বই ভারতের অঙ্গ। ভারতের মাটিতে নেই কোন হিংসা শোষনের নেই কোন অভিলাষ, বিশ্বের মঙ্গল আমাদের সংগ্রাম কোর না কেউ তারে পরিহাস। ভারতের শ্বাশত অহিংসা শান্তি হবে নাকো কোনও দিন ভঙ্গ।

31. সিন্ধুবালা মা

(সত্যি ঘটনা অবলম্বনে)

তমলুক বর্গভীমা মন্দিরের পাশে মিশ্র পরিবার, স্থানটি জানা
আছে অনেকের, হয়তো সবার। সেখানে জন্ম সুধীর মিশ্রের,
একদিন রাতে, শুভবিবাহ হয়ে গেল সিন্ধুবালার সাথে। নয়
বছরের ছোট্ট মেয়ে নাম সিন্ধুবালা সুধীর মিশ্রের গলায় পরিয়ে
দিল, বিয়ের রাতে মালা। লজ্জা ভয়ে আনন্দে কাটলো তাদের
বিবাহিত জীবন। দুখের নাওয়ে ভাসলো সিন্ধু, দেখে স্বামীর
মরণ, নিঃসন্তান বালবিধবা ভিক্ষাঝুলি হাতে, ভিটেমাটি ছেড়ে
ঘোরে বেলিয়াঘাটার পথে। স্বপ্ন ছিল দুখি মায়ের যেন সব
শিশু হাসে, এমন কিছু করতে হবে যেন যা তারা ভালোবাসে।
ভিক্ষা করে যা পেত বাকি জমাত ভাবত মনে, গড়বে শিশু
উদ্যান। তিলে তিলে জমিয়ে টাকা কিনলো জমি তের কাঠা
এখন তার মূল্য পঁচিশ লক্ষ টাকার সমান। সিন্ধুবালার দানর
জমি পড়ল দাসপুর-এর নেতাজী ক্লাবের হাতে, শিশু উদ্যান
তৈরি করে, মজুর সারা দিনে রাতে। জগন্নাথ জানা দুলাখ
দিয়ে বলে আমিও আছি সাথে তিলে তিলে তিলোত্তমা শিশু
উদ্যান গড়ল সিন্ধুবালা, এমনি করে একশো বছর কাটিয়ে
তার স্বর্গে যাবার পালা। স্কুলের মিড-মে মিল খেয়ে আছে
বেঁচে উদ্যানে -- শিশু কলতান দেখে,
ভাবতে অবাক লাগে, গর্বে পুলক জাগে, সিন্ধুবালা মা দুখি
হলেও সুখী আত্মত্যাগে।

32. শরৎ ও শারদীয়া

বছর বছর তৃতীয় ঋতু শরৎ ঋতু হয় শরতে শারদীয়া দূর্গাপূজা ভারত তথা সারা বিশ্বময়। কাশফুলের ছড়াছড়ি, পথে মাঠে মাঠে, দুর্গাপূজা এসে গেল আর দেরি নয় বটে। এ সময়ে জলাশয়ে রাশি পদ্ম ফোটে। সারা আকাশ থাকে মেঘে ঢাকা শরৎ কালে নীল আকাশে মেঘ ফাঁকা ফাঁকা। মেঘের প্রকাশ এক থাকে না, হয় ভিন্ন ভিন্ন কখনও বা তুলার-রাশি, সিংহ বাহিনী, অসুরের দেহছিন্ন ধূপ-ধূলায় পূজারতি, ঢাক বাজবে যে কখন! শারদীয়ার আগমনে সবার পুলকিত মন। আনন্দেতে মাতোয়ারা হবে ত্রিভুবন।

33. মাস্টারমশাই

তোমার বিষয় লিখব কিছু, ভাবছি বসে মনে, কোনটা ছেড়ে কোনটা ধরি, ফুল ফুটেছে নানান রঙে। মাস্টার মশাই সাহিত্যিক, তুমি মোদের প্রাণের কবি, তোমার লেখায় মাদকতা, প্রাণ পেয়েছে সবি। শিক্ষকতার আলো দিলে জ্বেলে, তমসার গাঢ় যবনিকা, বাংলার কাব্যাকাশে তুমি তুমি চন্দ্র, সূর্য, তারা নিহারিকা।

তোমার লেখার পরশমণির কাব্য ছন্দময়। নানান সাজে, পাঠক মাঝে, জাগায় বিস্ময়।

অশিক্ষার অন্ধকারে ছিল অনেক মানুষ জন, শিক্ষাদানে উদার মনে তাদের করেছ আপন। গরীব দুখির মনের ব্যথা তোমার মনলে চিন্তনে, পারিজাত হয়ে মুগ্ধ করিলে তাদের, রূপে, রসে, ঘ্রাণে।

তোমার কথা কিছু লিখতে পেরে মন আনন্দে ওঠে নেচে, তোমার সৃষ্ট কাব্যোদানের এক কোণে থাকতে চাই বেচে।

মাননীয় মাস্টারমশাই, তোমার শিক্ষা সাহিত্যে আছে অবদান, তোমায় জানাই ভালোবাসা, শ্রদ্ধা, ভক্তি ও প্রণাম।

34. নেশা সর্বনাশা

এ জীবন কাজের জীবন, এ জীবন বাঁচার জীবন এ জীবন সুস্থ রেখে চলবোই ভুলে গেলে নেশার কথা, চলে যায় মনের ব্যথা এ কথা বারে বারে বলবোই। কত না গরীব দুখী, দু বেলা পায় না খেতে নেশাতে শেষ হয়ে ভাই দেখেছি মরে যেতে আঁধারের গহন রাতে, নেশা ত্যাজি মানুষের সাথে প্রদীপের আলো হয়ে জ্বলবোই। হেরোইন, মদ, তামাক, গাঁজা নেশা আছে যত সুস্থ জীবন পথে, বাঁধা তারা কাঁটার মত। এ নেশা সর্বনাশা, শেষ হবে সকল আশা (তাই) ছেড়ে ভাই বাঁচি মোরা বাঁচার মত। মা ভাই ছেলে মেয়ে তাদের জল ঝরায় চোখে নেশাতে মাতাল হয়ে – যারা শুধু পড়েই থাকে আমাদের বড় আশা নয় আর কোন নেশা এ শপথ আজকে মোরা করবোই।

35. চাঁদের টানে

এই ধরণীর সব কিছুকেই সমান ভালোবাসে।
আকাশ ভরা তারার মাঝে চাঁদটা যেন হাসে, রাতের আঁধার দেয় মুছে সব তোমার আলোর জোর, মনমোহিনী জ্যোৎস্না তোমার ভরায় ঘর-দোর। মেঘে ঢাকা থাকো যখন পাই না কেন দেখা তোমার কি আর কেউ নেই ভাই থাকো তুমি একা ! আমরা আছি এসো নেমে খেলব তোমার সাথে ফুটপাতেতে আমরা শিশু তোমায় দেখি প্রতি রাতে।

36. অনাথদের দূর্গা মা

বাবা মায়ের হাত ধরে ঠাকুর দেখার সুযোগ ওদের হয়নি কোনদিন হোমের দেওয়া নতুন জামা কাপড়ে অনাথরা মন্ডপে ঠাকুর দেখে সারাদিন। না পাওয়ার বেদনা ভুলে ঠাকুর দেখার সুযোগ ওরা পায়, আর পাঁচজনের মতো ঘুরে মন্ডপে, আনন্দে থাকতে চায়। হোমের অনাথ, অনাথারা প্রায় দুশো পঞ্চাশ জন, সবার ভালোবাসায় তারা ত্রিতল হোমে থাকে সর্বক্ষণ। কেউ এসেছে এইতো সেদিন, কেউ বা অনেক আগে, দূর্গা পূজার এই কটা দিন তাদের সবার মনে পুলক জাগে। পূজার কদিন ভাল খাওয়া পরার সুযোগ দেয় হোম কর্তৃপক্ষ সবার বেদনা ভুলিয়ে তাদের একটু আনন্দ দেওয়াই লক্ষ্য। দূর্গা মাকে দেখার জন্য তাকিয়ে থাকে হোমের শিশু হিন্দু মুসলমান, আপামর বাঙালীর বন উৎসবে সামিল হয়ে ওদের ভরে ওঠে প্রাণ। সকালে স্নান করে জামা প্যান্ট পরে ওরা দূর্গা ঠাকুর দেখবে, শঙ্খ ঘন্টা ঢাকের তালে আরতি দেখে, প্রসাদ হাতে হোমে ফিরবে। দূর্গা মায়ের সামনে স্নেহের কাঙাল হয়ে ওরা দাঁড়িয়ে থাকে, বলে মাগো, দূর্ভাগ্যের অসুর কি ছিনিয়ে নিল, আমাদের বাবা-মাকে।

37. একতাই বল

সূর্যের মত মোরা উজ্জ্বল
জ্যোৎস্নার মত মোরা নির্মল বিদ্যুৎ সম দেশের কাজে থাকবেই মন চিরদিন অবিচল হতে পারি হিন্দু, কেউ বা মুসলমান জৈন পারসিক শিখ বা খৃস্টান আমরা সবাই ভারত সন্তান একতাই আমাদের বীর্য ও বল। ভারতবর্ষ মিলন তীর্থ, মহামানবের দেশে কত পরবাসী ধন্য হয়েছে, এ পুন্য ভূমে এসে। মরেও অমর তারা, নাম আছে ইতিহাসে আজও আছে আমাদের সাথে মিশে। লিখে গেছে জীবনের জয়গান। এই দেশে নাশকতা সন্ত্রাসের নেই স্থান দেশ রক্ষায় তৈরী মোরা, আছি যত ভারত সন্তান, দুঃখ দৈন্য সবার হাহাকার মুছে দেব মানুষের চোখের জল একতাই বল মোদের একতাই সম্বল।

৩৪. নামতায়

এক একে এক
দুচোখ মেলে দেখ,
এক দুয়ে দুই
মাছের মধ্যে রুই।
এক তিনে তিন
ভারতের উত্তরেতে চীন।
কে চারে চার
দেশের পূর্বে মায়নমার।
এক পাঁচে পাঁচ
বাঁচলে বাঁচার মত বাঁচ।
এক হয়ে ছয়
জয় ভারতের জয়।
এক সাতে সাত
জ্যোৎস্না ঝরা রাত।
এক আটে আট
আকবর শ্রেষ্ঠ সম্রাট।
এক নয়ে নয়
বিপদে করতে নেই ভয়।
এক দশে দশ
স্বামিজীর জগৎ জোড়া যশ।

39. স্ত্রী পুরুষ

ঘর সংসার প্রকৃতি বিশ্বে স্ত্রী ও পুরুষ আছে, অনন্ত কাল
চলমান, নতুন প্রজন্ম, জন্মায়, বাঁচে।

পরমানু থেকে নক্ষত্র ও প্রকৃতিতে, যদি স্ত্রী ও পুরুষ না
থাকত, মহাবিশ্বের অস্তিত্ব থেকে জগৎ সংসার বিলুপ্ত হতো।।

অনুর ধনাত্মক ঋনাত্মক গুন বস্তুতে আসে জড়ের এ শুন জীবে
সংপৃক্ত। তাই স্ত্রী পুরুষকে ভালোবাসে।

বিশ্ব মাঝে বস্তু অবদ্ধ স্ত্রী ও পুরুষে বিভক্ত লোভের পল্লী
ক্ষুধা তৃষ্ণা, কামের পল্লী আসক্ত।

দিনের পল্লী রাত, মোহের পল্লী মায়া পুন্যের প্রতিষ্ঠা আত্মার
কায়া।

শিব দুর্গার মিলন দেখে শাক্তরা। রাধা কৃষ্ণের মিলন, জানে
বৈষ্ণবেরা।

ধাতু অধাতুর মিলনে এক যৌগ পদার্থ, স্ত্রী ও পুরুষ, নতুন
প্রাণের জন্ম দিতে সমর্থ।

মিলন হয় বলে অগ্নি ও চালে জলে ভাত হয়, ইলেকট্রন
ব্যাতিরেকে, অনু তৈরী কভু নয়।

পৃথিবীতে মিলন ঘটায়, ব্রহ্মা-অগ্নি-ইলেকট্রন, একে অপরের
যোগাযোগ, তাইতো দুরভাষ দুরদর্শন।

প্রকৃতির সব স্ত্রী-পুরুষ, বিশ্বকে স্থায়ি করেছে তাইতো সুরে-
ছন্দে, প্রেমে বিশ্ব মধুর হয়েছে।

40. দেশ প্রেম

পরাধীন ভারতের গ্লানিমা ঘুচায়ে পূন্য-স্বাধীনতা আনলো যারা বক্ষ রুধিরে ভারতের অনেক বন্ধ অন্ধ কারা। তাঁদের স্মরণে করিনু শপথ কৃষক শ্রমিক ছাত্র মোরা। আমরা গড়িব নতুন ভারত, আমরা ফলাবো সোনালী ধান। শোষিতের অশ্রু মোছায়ে মোরা, ভাঙিব শোষকের খঙ্গ কৃপাণ। আমরা জ্বালাবো জ্ঞানের প্রদীপ, উদ্ভাসিত হবে বসুন্ধরা। ক্ষুদিরাম, গান্ধী, মাতঙ্গিনী, দেশবন্ধু, নেতাজী, শত বীরদের রক্তে, ঘামে স্বাধীনতা পেয়েছি। এই ভারতের প্রভাত নিশিথের সোপান শীর্ষ হবে রক্ষা করা।

41. একবার মা বল

মায়ের মত এত আপন কেই বা আর আছে, সাবধানে চলে মা, 'জঠরে' শিশুর আঘাত লাগে পাছে। ভূমিষ্ঠ হয়ে শিশু দেখে মায়ের চোখের আলো, সকাল বেলার সোনালী রোদ লাগে তার ভালো। দিনে রাতে বড় হয়ে শেখে মায়ের ঠোঁটের ভাষা, মায়ের কোলে ঘুরে ফিরে মেটায় তার আশা। মায়ের হাসি মায়ের খুশি ভালো লাগে তার, নিত্য নতুন বায়নাক্কা মেটে সব আবদার। মায়ের কোল সন্তানের সুরক্ষিত বিছানা, কেমনে কাটবে জীবন মা দেয় তার ঠিকানা। সেই ছেলে বড় হয়ে বিয়ে করে যখন মাকে ডাঁটে, বজ্র সম আঘাত লাগে মার, দুঃখে বুক ফাটে। বৌ-এর কথায় ছেলে বলে, অশান্তি আর লাগে না ভালো, সবার শান্তির জন্য তোমায় – বৃদ্ধাশ্রমে দিয়ে আসি চলো। বৃদ্ধাশ্রমে দিন রাত বসে মা, সদাই ফেলে চোখের জল, মনে মনে বলে খোকা, একবার মা বল!

42. বিশ্বকবি রবীন্দ্রনাথ

জোড়াসাঁকোর ঠাকুর ঘরে জন্ম নিলেন রবি, বাংলা ভাষায় ফুল ফুটিয়ে হলেন বিশ্বকবি। রবি-সূর্য, ইন্দ্র দেবরাজ, নাথ-পতি, ঠাকুর দেবতা, 'আমসত্ত্ব দুধে ফেলি' – প্রথম শৈশবের কবিতা। স্কুলের বাঁধা নিয়মে তাঁর ছিল নাকো মন, পড়াশুনা করতে চান, যেখায় থাকবে সবুজ বন। রবির লেখা সব কবিতা, তিনটি বিষয় প্রধান, সত্য সুন্দর বিশ্ব মানবজাতির কল্যাণ। এশিয়ায় তিনিই প্রথম নোবেল জয়ী সাহিত্যে বিশ্বে প্রথম কবি, দুটি দেশের জাতীয় সঙ্গীতে। কবির লেখা বিশ্বসেরা গল্প গুপ্তধন, উপন্যাস-চন্ডালিকা, মুক্তধারা বিসর্জন। সৃষ্টি আর বিশ্বভারতী, শান্তিনিকেতন, দেশ বিদেশের শিক্ষার্থী হয় এখানে অমূল্যরতন। ইংরেজি সাহিত্যে যেমন সেক্সপিয়র বাংলা সাহিত্যে তেমন রবীন্দ্রনাথ টেগর। ভারত তথা বিশ্ব তোমায় করবে সদাই বরণ সারা জীবন সকাল সাঁঝে তোমায় করি স্মরণ।

43. ত্রি-গুনে

এই বিশ্ব ব্রহ্মান্ডের সব বস্তু জিহানের অধিকারী, সত্ত্ব গুনে বাষ্প, তমঃ গুনে বরফ, রজঃ গুনে বারি। ত্রিগুনাহিকা প্রকৃতিমার হস্তে ত্রিগুনের ডালি, সত্ত্বে সরস্বতী, রজ গুনে-লক্ষ্মী, তমঃ তে কালী। ত্রি রূপে বিশ্বমাতা অনন্তকাল বিদ্যমান, তমঃ তে- মঙ্গল, রজঃ তে সন্তান পালন, সত্ত্বে বিদ্যাদান। জড় জীব তথা মানুষও তিন গুন শুনি। সত্ত্বে শিক্ষক, রজঃ তে সংসারী বাবা-মা, তমঃ তে খুনী।
-

তিনভাবে প্রত্যহ কাটার জীবন মনুষ্য,
সত্ত্ব তে- সুন্দর সকাল, রজঃ তে ক্রিয়াশীল দিন, তমঃ তে রাতে আলস্য। বর্ণ-কালো রঙ তমঃ, লাল-হলুদ, সত্ত্ব সাত্তিক শুভ্র।

44. বসন্তের দূত

খুব সকলে মধুর স্বরে, ভেসে আসে সুর, কুহ কুহ ডাকছে কোকিল, আছে অনেক দুর। মধুর সুরে, মধু ঝরিয়ে, আমার দুটি কানে, মনমোহিনী সুর-তরঙ্গ বয় আমার মনে প্রাণে। কুহ কলতান, সবার মনে আনে শান্তি অনাবিল, সবাই জানে এ গান গায়, সুকণ্ঠী কোকিল। কাকের কা-কা রব সবার কানে লাগে, বিষের মত, বসন্তের দূত এর কুহ রবে প্রভাত মুখরিত।

45. উপদেশ

সোনার বাংলার ছাত্র-ছাত্রী
সবাই তোমরা ভালো থাকো, সব
কিছুতে ভালো থাকার
উপদেশটা মনে রাখো।
ফুল ফোটে যে গাছের ডালে সদাই ভাবে মনে মনে
কখন তারা পাবে যে ঠাঁই
দেব-দেবীদের দুই চরণে।
ভালোবাসা থাকলে কাজে আশা তাদের ঠিকই মেটে,
অবহেলা করলে পড়ায়
বৃথাই তারা মরে খেটে।
বিজয় লক্ষ্মী তারাই যে পায়
শ্রম করে যে অকাতরে, সুখ শান্তি সমৃদ্ধি সব
বিরাজ করে তাদের ঘরে।

46. এক নদী

আকাশ চুম্বি পর্বত হতে নেমে এলাম ঝর্ণা হয়ে, পাহাড়ের কোল বেয়ে, নেমেছি সমতল দিয়ে। লক্ষ্য সাগর সুদীর্ঘ পথ এঁকে বেঁকে চলি প্লাবণের ফেনোচ্ছল জলে, মনের কথা বলি। ভরা বরষায় দুকুল ছাপানো, এক নদী ভাসে শত তরণী পণ্য তরী, আবর্জনা ভারে, ক্লান্তি ঘোচায় যখন মানুষের কথা শুনি। ভরা যৌবনে মোহিত হয়েছে, কত মানুষের আশা, ধীবরের মাছে, চাষীর ফসলে আমার ভালোবাসা। আজ আমি জীর্ণ শীর্ণ, জল নেই মম অঙ্গে, পরিত্যক্ত এক মজা নদী, কেহ নেই মোর সঙ্গে। কাতর মনে স্মরণ করি আমার জন্মকাল, সে পর্বত তো সুউচ্চ, ছিল সুবিশাল। বিশ্ব পিতার এ এক খেলা, বিচিত্র তো নয়, পাহাড় মরু তলিয়ে গিয়ে জন বসতি হয়। জন্ম আমার সার্থক, আমি করেছি মানব উন্নয়ন, প্রাণীর সেবায় অনন্তকাল আমার জীবন মরণ।

47. পরিনয়

চন্দ্র সূর্যকে সাক্ষী রেখে তোমার কপালে দিই চিহ্ন এঁকে, তোমায় আমি বড় ভালোবাসি, আমার মনের গভীর থেকে। এতদিন আমি বড় ছিলাম একা, খুঁজেছি তোমায় তুব পাইনা দেখা আজ তুমি মনোরমা, কাছে এলে প্রেমের আতর সোনা অঙ্গে মেখে। না-না-না এখন আর লজ্জা তো নয়, জীবন জোয়ারে ভাসার এই তো সময়। কতদিন মনে আমি করেছি আশা তোমারে পাব, পেতে ভালোবাসা চলো আজ বেয়ে যাই জীবন তরী পুলকে আবেশ মনে লজ্জা ঢেকে।

৪৮. চলে যেও না

ও শ্যামলা মেয়ে, তুমি যাও গো কোথা একটু দাঁড়াও, তুমি কওনা কথা না-না চলে যেও না। নিঃসঙ্গ জীবন একা থাকা প্রাণটা যে মোর মরুর পথে বারি ঝরে নয়নে মোর তৃষ্ণায় প্রাণ ফাটে তুমি দাঁড়াও হেথা না-না চলে যেও না। হয়তো মনে পেয়েছ ব্যথা আগে আমার কাছে জীবনটা যে অনেক বাকি স্বর্গের সুখ আছে তুমি থাকবে সেথা না-না চলে যেও না।

49. পাঁচ কড়ি

আমাদের গ্রামের ছেলে, নাম পাঁচ কড়ি, উঁচু দাঁতে কইলে কথা, সব হেসে গড়াগড়ি। চেহারায় বেঁটে মোটা রং তার কালো, তার মুখে গল্প শুনতে লাগে সবার ভালো। ধান রোওয়া, ঘর ছাওয়া সব কাজ জানে, ফাঁকিবাজ নয় সে, কাজ করে যায় এক সমানে। জল খাবারে দিতে হবে মুড়ি এক সের তার সাথে লঙ্কা পেঁয়াজ, আরও এক সের, তিনশো চালের ভাত খেয়ে করবে পেট লাউ। বলে ভাত-ডাল-মাছ দাওনা আরও, ধরো ওটা ফাউ। পাঁচ কড়ির সখ হলো, করবে এবার বিয়ে, লম্বা ফরসা আনবে বউ টোপর মাথায় দিয়ে। বিয়ের রাতে বলে বর, আগে খাব মুড়ি, পরে বিয়ে, শুনে সবাই হেসে গড়াগড়ি। দাও তাড়িয়ে, চাই না আমি এমনতরো বর, কনে বলে – ও পেটুকের করবো নাতো ঘর। পাঁচ কড়ি করতে বিয়ে গিয়েছিল সেধে, বৌ না নিয়ে ফিরতে হলো, গলা ছেড়ে কেঁদে।

50. স্বর্ণ মন্দির

স্বর্ণ মন্দির

জগবন্ধু রায়

শিখ ধর্মাবলম্বীদের পবিত্র তীর্থস্থান স্বর্ণমন্দির দেখার ইচ্ছা ছিল বহুদিন ধরেই। সময় ও সামর্থ্যের অভাবে এতদিন তা হয়ে ওঠে নি। হঠাৎই সেই বহু প্রতীক্ষিত সময় ও সুযোগ এসে গেল।

হাওড়া স্টেশনের ৮ নম্বর প্লাটফর্ম থেকে অমৃতসর মেল ছাড়ল সন্ধ্যা ঠিক ৭টা ১০ মিনিটে। তারিখটা ছিল ২০ এপ্রিল মঙ্গলবার। রিজার্ভেশন ছিল, নির্দিষ্ট সিটে আগেই বসে পড়েছিলাম। ট্রেন ছুটে চলেছে দ্রুতগতিতে। একটার পর একটা স্টেশন ছুঁয়ে চলেছি। বাংলা বিহার উত্তরপ্রদেশ পেরিয়ে পাঞ্জাব প্রদেশের জলন্ধর সিটিতে পৌঁছলাম ২২ এপ্রিল বৃহস্পতিবার সকাল ৯টা ৩০ মিনিটে।

স্বর্ণমন্দির অমৃতসরে হলেও আমাদের জলন্ধরে নামার কারণ হল, আমার ছেলে ছিল পাঞ্জাবের কাপুরথালায় পোস্টিং। ঠিক ছিল তার কাছে কয়েকটা দিন কাটিয়ে তারপর স্বর্ণমন্দির যাওয়ার। ছেলে ওখানকার অনেককিছুই খোঁজখবর রাখে। সে সঙ্গে থাকলে আমাদের সকলকে সবকিছু ভালভাবে ঘুরিয়ে দেখাতে পারবে। যাই হোক, স্টেশন থেকে ছেলেকে ফোন করলাম। ও প্রায় সঙ্গে সঙ্গে এসে আমাদের নিয়ে গেল ওর কোয়ার্টারে।

ছেলের কোয়ার্টারে কয়েকদিন কাটিয়ে ঠিক হল ৬ মে স্বর্ণমন্দির যাওয়া হবে। নির্দিষ্ট দিনে সকাল ৯টায় গাড়ি এসে

দরজায় দাঁড়াতেই আমরা যথারীতি তাতে চেপে বসলাম। গাড়ি হু হু করে ছুটে চলল বিশাল চওড়া পিচঢালা রাস্তা দিয়ে। রাস্তার দুধারে নানা ধরণের সারি সারি গাছ আর গাছ। পুরো রাস্তাই ছায়াশীতল। প্রায় আধ ঘন্টা যাওয়ার পর আমরা হাইওয়েতে পৌঁছলাম। রাস্তার দুদিকেই বিশাল বিশাল ক্ষেত। ঐ মাঠে প্রধানত গম চাষ হয়ে থাকে। কোথায় আবার সূর্যমুখীর চাষ হচ্ছে। মাঠের মাঝে মাঝে ঝাঁকড়া আমগাছ। তার তলাতেও গম চাষ করা হয়। পাঞ্জাবের যে যে জায়গায় গেলাম খুব বেশি খাল, বিল, নদনদী, বা পুকুর দেখতে পেলাম না। বেশিরভাগ জমিই চাষ হয় নলকূপের জলে। এভাবেই ফুরফুরে মেজাজে যেতে যেতে বেলা প্রায় সওয়া দশটায় পৌঁছলাম জালিয়ানওয়ালা বাগে। এই সেই জালিয়ানওয়ালা। বাগ—যেখানে সাম্রাজ্যবাদী ব্রিটিস রাজত্বে কুখ্যাত টেগার্ট সাহেবের নির্দেশে অসহায়

ভারতবাসীদের নিষ্ঠুরভাবে গুলি করে হত্যা করা হয়েছিল। এই হত্যাকাণ্ডের প্রতিবাদে বিশ্বকার রবীন্দ্রনাথ ব্রিটিস সরকারের দেওয়া নাইট উপাধি ত্যাগ করেছিলেন। জালিয়ানওয়ালা হত্যাকাণ্ডে নিহত ভারতবাসীদের স্মৃতিসৌধ ঘুরে দেখলাম। প্রনাম জানালাম সেইসব অসহা নিরীহ দেশপ্রেমিকদের। কিছু ছবি ক্যামেরাবন্দীও করলাম। দেখলাম বহু দেশি বিদেশি পর্যটকর এসেছেন এখানকার অমরজ্যোতি, স্মৃতিসৌধ ও তৎসংলগ্ন এলাকায় ঘুরতে। এই ক্যাম্পাসে ঢুকতে হয় একটা বড় গেট পেরিয়ে। তারপর মিলবে একটি দোতলা বাড়ি। সিঁড়ি দিয়ে উঠে দেখা যাবে ছোট্ট একটা সিনেমা হল। সেখানে প্রবেশ করে আমরা চেয়ারে বসলাম। শুরু হ সিনেমা। জালিয়ানওয়ালা বাগ হত্যাকাণ্ডের পুরো ঘটনাটা পর্দার ভেসে উঠল। দেখে আমরা স্তম্ভিত হয়ে গেলাম। দেখলাম ভারতবাসীর

উপর ইংরেজ শাসকের অত্যাচারের বীভৎসতা। শো শেষ হলে আমরা নীচে নেমে এলাম। গেট ছাড়িয়ে চলে এলাম বাইরে, রাস্তায়।

এবার যাত্রা স্বর্ণমন্দির। মনের ব্যাকুলতা বেড়ে গেল, কখন দেখতে পাব সেই বিশ্ববিখ্যাত স্বর্ণমন্দির। প্রায় মিনিট দশেক পৌঁছে গেলাম স্বর্ণমন্দিরের দ্বারপ্রান্তে। এখানেও বহু দেশি বিদেশি পর্যটকের ভীড়। মন্দিরের প্রধান গেটে পৌঁছে দেখলাম ডানদিকে বিশাল একটা ঘর আছে পর্যটকদের পাদুকা জমা রাখার অন্যে। এখানে পাদুকা জমা রাখার জন্যে কোন মূল্য দিতে হয় না। জানতে পারলাম পর্যটকসের পাদুকা জমা নেওয়ার কাজে যারা নিযুক্ত সকলেই সম্ভ্রান্ত ও বিত্তবান বংশের। মনের শান্তি ও পূণ্যার্জনের জন্যেই এই কাজ করছেন। পাদুকা জমা দেওয়ার পর মূল গেটে ঢোকার পথে দেখলাম বিরাট লম্বা প্রায় ৪ফুট চওড়া ৩০ ইঞ্চি গভীর এক নালা। নালা দিয়ে সবসময় পরিষ্কার জল বয়ে যাচ্ছে দর্শনার্থীদের পা ধোওয়ার জন্যে। সেটি পার হতে আমাদের পায়ের সব ময়লা ধুয়ে গেল। ওখানকার নিয়ম হল পুরুষ মহিলা সবাইকেই কাপড় দিয়ে মাথা ঢাকতে হবে। সামনেই বড় বড় পাত্রে নানা রংয়ের ত্রিকোণাকার রুমাল, কাপড়ের টুকরো রাখা আছে। প্রত্যেককে একটা করে রুমাল নিয়ে মাথা ঢাকতে হয়। মহিলারা শাড়ির আঁচল বা ওড়নার মাথায় দিতে পারে। আমরা মাল কিনে মাথায় দিলাম। মেয়েরা শাড়ির আঁচল মাথায় দিয়ে এগিয়ে গেলাম। যেখানে উঠলাম সেখানে বিশাল বিশাল পাপোষ রাখা আছে। পা ধুয়ে পা মুছে এগিয়ে যেতেই দেখলাম বিশাল বিশাল সিঁড়ি নেমে গেছে প্রায় ২০-২৫ ধাপ। তারপরে নীল জলের বিশাল সরোবর। এই সরোবরের মাঝখানে বিশাল স্বর্ণমন্দির। মধ্যাহ্ন সূর্যের আলোয় ঝলমল করছে।

অপূর্ব সুন্দর—ভাষায় প্রকাশ করা যায় না। সিঁড়ি বেয়ে নেমে যেখানে পৌঁছলাম সেটা প্রায় ৫০ ফুট চওড়া কংক্রিটের উপর স্বেতপাথরে বাঁধানো একটা চাতাল। গোটা সরোবরের চারিদিকে বাঁধানো পাড়। আনুমানিক ৫০০ একা জমির উপর প্রতিষ্ঠিত এই স্বর্ণমন্দির এলাকা। স্বর্ণমন্দিরের আশেপাশে আরও অনেক মনি আছে। নীল জলে নেমে স্নান করা যায়। দেখলাম চ সিঁড়ি বেয়ে নীচে নেমে স্নান করতে। তবে সব সময়েই মাথা চাপা দিয়ে রাখতে হবে। জলে। নানা রকমের মাছ চরে বেড়াচ্ছে। তাদের খাবার দিলে ছুটে আসে। একটু চেষ্টা করলে মাছের গায়ে হাতও দেওয়া যায়। আমাদের খুব আনন্দ হল। মনের আনন্দে আমরা ছবি তুলবে লাগলাম। স্বর্ণমন্দির, মাছ, সরোবর, বাইরের মন্দির, সব সবকিছুই ক্যামেরাবন্দী করলাম। আনন্দে মন ঘরে যাচ্ছে।

মন্দিরের পিছনের পাড়ে মেয়েদের স্নানঘর আছে। ওখানে কাপড় ছেড়ে মেয়েরা সরোবরে

স্নান করতে পারে। এখানে কোথাও কোন পয়সা দিতে হয় না। আমরা ডানদিকে এগিয়ে গেলাম। ঠিক শেষ প্রান্তে একটা অলস আছে। সামনে এগিয়ে গেলাম। সরোবরের ঠিক মাঝখানে মন্দিরে যাবার জন্যে প্রায় ১০ ফুট চওড়া একটা রাস্তা আছে। গোটা রাজার মাথায় রোজ আটকানোর জন্যে সামিয়ানা টাঙানো। আর চলছে অসংখ্য সিলিং ফ্যান। পুণ্যার্থীদের যাতে বিন্দুমাত্র কষ্ট না হয়। লাইন দিয়ে যেতে হয়। ওখানে এমনিই মন্দির দর্শন করা যায়, পূজা দেওয়া যায়। সুজি, নারকেল, গরমমশলা, চিনি ইত্যাদি দিয়ে তৈরি এক রকমের মত কিনতে পাওয়া যায়। তাই দিয়ে মন্দিরে পুজো নিবেদন করা যায়। এবারে আসি এই বিখ্যাত মন্দির তৈরির গোড়ার কথায়। আমরা জানি শিখ ধর্মের প্রতিষ্ঠাতা গুরুনানক দেবজী। ইনিই

প্রথম শুরু। তারপর ৩ নং গুরু গুরু রামদাসসঙ্গী প্রায় ৪০০ বছর আগে মন্দির তৈরি করেন। মোটামুটি শেষ করেন ৫ নং শুরু অর্জুন দেবদী। এই মন্দিরের ভেতরেই তিনি 'শুরু গ্রন্থসাহেব প্রকাশ করেন। শিখদের সুপ্রিম কোর্ট অকাল ভক্ত তৈরি করেছিলেন ৬ নং গুরু হরগোবিন্দ সাহেববর্তী।

প্রথমে মন্দিরটি কংক্রিটের উপর শ্বেতপাথর দিয়ে তৈরি হয়। একদিন মহারাজা মন্দির দর্শনে এসে মুগ্ধ হয়ে যান। মনে মনে ভাবেন মন্দির সোনার হলে আরও ভালো হত। তাঁর ইচ্ছে হল গোটা মন্দির সোনা দিয়ে মুড়ে দেন। কিন্তু তার সে সামর্থ্য ছিল না। তিনি বিমর্ষ হয়ে মন্দিরে বসে চিন্তামগ্ন হলেন। এমন সময় একজন এসে বলল- রাজা, আপনি যা ভাবছেন তা হবে। আপনি শুরু করুন।

রাজা বললেন- আমি ৫০ সের সোনা দিতে পারি। —তা হলেই হবে। আপনি শুরু করে দিন।

হল পুরুষ।

রাজা গভীর প্রত্যয়ে শুরু করে দিলেন। বহু মানুষ সোনা নিতে এগিয়ে এল। অচিরেই মন্দিরটি স্বর্ণমন্দিরের রূপ নিল। তারপর থেকেই মন্দিরের নাম হয়ে গেল স্বর্ণমন্দির। শিখদের স্থায় নিলাম পবিত্র ধর্মস্থান পাঞ্জাবের অমৃতসরে। এই মন্দির দেখতে প্রতিদিন লক্ষ লক্ষ দেশি বিদেশি পর্যটক শাল বিশা ভীড় জমান।

ঢাকতে হ

আমরা মন্দির দেখার জন্যে লাইন ধরে এগিয়ে চললাম। বিশাল দরজা পেরিয়ে মন্দিরে ঢুকে জ্ঞানে বিশ সত্যিই অবাক হতে হয়। নানা মূল্যবান রত্নে ঝলমল করছে। ঠিক মাঝখানে একটি সমাধি। তার উপর বহু মূল্যবান একটি চাদির পাতা। উপরে আলো জ্বলছে, পাখা চলছে। একজন ধর্মগুরু বিশাল আকারের

গ্রন্থসাহেবের পাঠ করে চলেছেন। সে এক ঐশ্বরিক মুহূর্ত। আমরা শ্রদ্ধায়, ভক্তিতে মগ্ন হয়ে গেলাম। চাদরের উপর প্রণামী অর্থ দিয়ে বেরিয়ে দেখি সোনায় মোড়া। ব্লক মন্দি। সিঁড়ি উপরে উঠে গেছে। সিঁড়ি দিয়ে দোতলায় উঠে দেখা গেল নীচের মতই আরও একটা সমাধি। ধর্মগ্রন্থ পাঠ চলছে। সেখান থেকে বেরিয়ে আরও একটা সিঁড়ি। সিড়ি ভেঙে তিনতলাতে উঠে দেখা গেল একই দৃশ্য। সেই একই সমাধি আর ধর্মগ্রন্থ পাঠ। মণিমুক্তা, নানান মূল্যবান সোনা এমনকি মন্দিরের বাইরের গম্বুজ, চূড়া, সিভি, জানালা রেলিং সবই সোনায় তৈরি। জানা গেল প্রথমে কংক্রিটের উপর রুপোর চাদর, তার উপর সোনার চাদর বসিয়ে মন্দিরের এই রূপ আনা হয়েছে। মন্দিরের ভিতরে ছবি তোলা বারণ। প্রায়- ঘন্টাখানেক মন্দিরে কাটিয়ে সিঁড়ি ভেঙে নীচে নেমে এলাম। দূর থেকে মনে হয় মন্দির বুঝি একতলা। কিন্তু ভেতরে ঢুকে জানতে পারলাম তিনতলা এই মন্দির। তিনতলার উপর গম্বুজ ও

চূড়া সবই সোনার তৈরি। এমনকি ভেতরের পাখার ব্লেডগুলোও সোনার নীচে নেমে বাইরে বেরিয়ে এলাম। এখানেও জলে নানান ধরণের রং বেরঙের মাছ চরছে। তাদের খাবার দিতে দিতে সরোবরের পাড়ে চলে এলাম। এখানে প্রসাদ বিতরণ হয়। আমরা প্রসাদ নিয়ে ভক্তিভরে তা খেয়ে চলে এলাম মন্দিরের পিছন পাড়ে। সেখানে কিছুক্ষণ বিশ্রাম নিয়ে প্রায় ২টো নাগাদ খেতে গেলাম।

গরখানা। সে এক আশ্চর্য জিনিষ। আমরা যেমন মেন রাস্তা থেকে প্রায় ২০ ফুট নীচে নেমে স্বর্ণমন্দির দেখতে গিয়েছিলাম ঠিক তেমনি মন্দিরের পিছন পাড়ে সিঁড়ি দিয়ে উপরে উঠলাম। তারপর বেশ কিছুটা যাওয়ার পর দুপাশে ৩-৪ তলা অনেক কক্ষবিশিষ্ট বিরাট বিরাট বাড়ি। এখানে পরিবার পরিজন নিয়ে

যতদিন খুশি থাকা যায়, বিনা পয়সায় পেট ভরে খাওয়া যায়। কোন পয়সা দিতে হয় না। শুধু তাই নয় কোন দর্শনার্থীর টাকা পয়সা খোয়া গেলে এবং তা কর্তৃপক্ষের গোচরে আনলে তারা রাহা খরচ, খাওয়ার খরচ সব দিয়ে দেন। ট্রেনের টিকিট কেটে গাড়িতে চাপিয়ে স্টেশনে পৌঁছে দেওয়ার সব ব্যবস্থা করে দেন। শুনেছি এই কাজের জন্যে বেশ কিছু গাড়ি আর ড্রাইভার সব সময় মজুত থাকে। ভাবতে সত্যিই অবাক লাগে।

স্বর্ণমন্দির প্রাঙ্গণে বহু পুলিশ, ভলেন্টিয়ার, সাদা পোষাকের রক্ষী সবসময় সকলের দিকে তীক্ষ্ণ দৃষ্টি রাখে। এতটুকু বেচাল দেখলেই সঙ্গে সঙ্গে কঠোর শাস্তির ব্যবস্থা করা হয়। সেকারণেই প্রতিদিন এত সুষ্ঠুভাবে এত এত মানুষ নির্বিঘ্নে মন্দির দর্শন করতে পারেন।

দু' পাশে বাড়ি, মাঝখান দিয়ে রাস্তা। সেই রাস্তা নিয়ে কিছুদূর হাঁটার পর দেখা গেল সারি। সারি টয়লেট। প্রতিটিই পরিষ্কার পরিচ্ছন্ন। এই রাস্তা ধরেই খেতে গেলাম লঙ্গরখানায়। ডানদিকে বিশাল গেট। ইংরাজী ও পাঞ্জাবী ভাষায় লেখা আছে এসব খাবার যোগাচ্ছেন স্বয়ং ঈশ্বর। এখানেও জলপূর্ণ নালা পেরোতে হল। সকলের পা ধোওয়া হয়ে গেল। আমরা খাওয়ার জন্যে ভেতরে গেলাম। দু'পাশে বিশাল বিশাল লোহার খাঁচা। তাতে রাখা আছে লক্ষ লক্ষ স্টিলের থালা। লাইন ধরে এগোতে প্রত্যেকের হাতে একটি করে থালা ধরিয়ে দেওয়া হল। প্রতিটি থালার উপর একটি করে বাটি, চামচ আর মাস। থালা হাতে সিঁড়ি বেয়ে আমরা উপরে উঠে গেলাম।

দোতলায় যাবার ব্যবস্থা। কিছুক্ষণ অপেক্ষা করে আমাদের আগের দর্শনার্থীরা খাওয়া সেরে বেরোনোর পর আমরা লাইন দিয়ে ভিতরে ঢুকলাম। পরিষ্কার মেঝেতে বড় বড় আসন

পাতা আছে। আসনে বসে সবাই থালা, মাস, বাটি যথাস্থানে রাখলাম। সঙ্গে সঙ্গে থাবার এসে গেল। স্যালাড, ডাল, তরকারি, রুটি, ফ্রায়েড রাইস। যে যত খুশি যেতে পারে। হ্যাঁ, ওরা যে রুটি দেয় তা দু'হাত পেতে নিতে হয়। এখানেও মাথায় কাপড় ঢাকা দিয়ে রাখতে হয়। এই লঙ্গ রখানার গোটা এলাকা জুড়ে সবসময় ঝনঝন্ আওয়াজ, যেন ঝড় বইছে। সবসময় বড় বড় থালা, গেলাস, বাটি, চামচ ধোওয়া হচ্ছে। তারই আওয়াজ। থাওয়া শেষে যে যার থাওয়ার থালা গেলাস ইত্যাদি হাতে নিয়ে সিঁড়ি দিয়ে নীচে নেমে গেলাম। আমরা বার হতেই আবার এক দল একইভাবে খেতে গেল। দেখলাম ওথানকার সবকর্মীই সব সময় দ্রুততার সঙ্গে সব কাজ সুন্দরভাবে করছে। এই বিশাল কর্মযজ্ঞ দেখে অভিভূত হয়ে যেতেই হয়। নীচে নামতেই কর্মীরা আমাদের হাত থেকে এঁটো থালাবাসন নিয়ে নিল । এইসব বাসনপত্র পরিষ্কৃত হয়ে হয়ে চলে যাচ্ছে আগের খাঁচায়। এইভাবেই চলছে এই বিরাট লঙ্গরখানা। জানা গেল লরি লরি আটা

ভাল, থোলা, চিনি ইত্যাদি এনে সবসময় গোডাউন ভর্তি রাখা হয়। কে কখন তা নিয়ে যায় তা বোঝাই যায় না। ওখানে যারা দান করেন তারা নিজেদের পরিচয় গোপন রাখেন। আগে ম্যানুয়াল রুটি হত। এখন মেসিনে রুটি তৈরি হয়। কোন এক ভক্ত জাপান থেকে মেসিনটি আনিয়ে দিয়েছেন। এখান থেকে বেরিয়ে কলের জলে মুখহাত ধুয়ে আমরা বেরিয়ে এলাম। আগেকার সেই পেট, যেখান দিয়ে প্রথমে স্বর্ণমন্দির দেখার জন্যে ঢুকেছিলাম, সেই গেটের দোতলায় বিশাল ঘরে আছে নিউজিয়াম। মিউজিয়ামে ইংরেজ আমলের ও তার আগের নবাবী আমলের পোষাক পরিচ্ছদ, মুদ্রা, অস্ত্রশস্ত্র, আসবাবপত্র ইত্যাদি রাখা আছে। বিশাল বিশাল ছবি। আমাদের জন্মের

বহুকাল আগের ঐসব জিনিষপত্র দেখে বেশ আনন্দই হল। তবে ওথানকার ছবি তোলায় নিষেধ ছিল। মিউজিয়ামে কিছু কিছু ঘটনার ছবি দেখে মন বিষন্ন হয়ে যায়। নবাবী আমলের অত্যাচারের যথা গরম তেলের কড়ায় ফেলে মারা, করাত নিয়ে লম্বালছি। কেটে ফেলা ইত্যাদির ছবি বড় কষ্ট দিল। এই উপলক্ষে সংক্ষেপে কিছু ইতিহাস বর্ণনা করতে চাই। ৫ নং শুরু অর্জুনদেবীকে হত্যা করেছিলেন বাদশা। সেই অত্যাচার দেশে ৬ নং গুরু হরগোবিন্দ সাহেববর্তী সব সময় কোমরে দুটি তলোয়ার রাখা শুরু করলেন। তলোয়ার দুটির নাম যথাক্রমে মিরি ও পিরি। মিরি থাকে দেহের বাঁদিকে। কেউ আঘাত করলে নিজেকে রক্ষা করার জন্যে এই মিরি। পিরি থাকে ডানদিকে। গরীব নিরীহ মানুষদের রক্ষা করার জন্যে। 1 নং ৩৮ নং গুরু শান্তিপ্রিয় ছিলেন। ৯ নং শুরু তেগবাহাদুরজীকে দিল্লীতে তলব করা হয়েছিল। উনি তিনজন শিখকে নিয়ে গিয়েছিলেন দিল্লীর দরবারে। জনশ্রুতি তাঁরা কেউই আর ফিরে আসেন নি। চারজনকেই হত্যা করা হয়েছিল। তেগবাহাদুরীকে লোহার থাঁচায় বন্দী করে তাঁর মুণ্ডচ্ছেদ করা হয়েছিল। তার সঙ্গ। মতিনাসকে দু টুকরো করে মারা হয়। ভাই দেয়ালটাকে আস্তে গরম জলে বসিয়ে মারা হয়।। সতীদাসকে মারা হয় আগুনে পুড়িয়ে।

এইসব অত্যাচার দেখে ১০ নং গুরু গোবিন্দ সিংজী ফলসা পন্থ তৈরি করেছিলেন সাধারণ মানুষকে রক্ষা করার জন্যে। ১০ না শুরু গোবিন্স সিংজীর পিতা ও চার পুত্র সকলেই শহীদ, গোবিন্দজীর পিতা তেগবাহাদুরজী এবং মাতা ওজন কাউরভী। চার পুত্র বাবা অজিত সিং ১০ বছর বয়সে, বাবা গুজার সিং ৯ বছর বয়সে বাবা জোক্বার সিং ১ বছর বয়সে এবং বাবা করে সিংএ বছর বয়সে শহীদ হয়েছিলেন।

মিউজিয়ামে দেখা এমন বহু ঘটনাই আছে যা এই স্বল্প পরিসরে বলা সম্ভব হচ্ছে না। সবকিছু। দেখে আমরা আবার নীচে নেমে এলাম।

১০ নং শুরু শুরু গোবিন্দ সিংখী তাঁর পূর্ণার্জিত সমস্ত শক্তি ঐ ধর্মগ্রন্থ গ্রন্থসাহেবেই অর্পণ করেছিলেন। স্বর্ণমন্দিরেই তিনি শেষ নিঃশ্বাস ত্যাগ করেন। তিনিই শেষ ধর্মগুরু। শিখদের বিশ্বাস আর কোন শুরু আসবেন না। শেষবারের মত আর একবার দুর থেকে স্বর্ণমন্দির দেখে শ্রদ্ধা আর প্রণাম জানিয়ে আমরা বেরিয়ে এলাম। কোয়ার্টারে ফিরলাম সন্ধ্যা ৬টা নাগান। পরের দিন মে বাড়ি ফেরার পালা। প্রথমে কাপুরখানা স্টেশন থেকে তিনটি স্টেশন পেরিয়ে জলস্তর সিটি। ওখানেই অমৃতসর মেলে উঠলাম আমরা। হাওড়া পৌঁছলাম ১ মে বেলা – ১০টায়।